U1020612

中华武术典籍珍藏

民国武术文献选刊

第二辑　第四卷

崔虎刚　收集整理

北京体育大学出版社

责任编辑：井亚琼
责任校对：刘艺璇
版式设计：高文函

图书在版编目（CIP）数据

民国武术文献选刊. 第二辑. 第四卷 / 崔虎刚收集整理. -- 北京 : 北京体育大学出版社, 2024.1
（中华武术典籍珍藏）
ISBN 978-7-5644-4009-1

Ⅰ. ①民… Ⅱ. ①崔… Ⅲ. ①武术—文献—汇编—中国—民国 Ⅳ. ①G852

中国国家版本馆CIP数据核字(2023)第254999号

民国武术文献选刊. 第二辑. 第四卷　　崔虎刚 收集整理
MINGUO WUSHU WENXIAN XUANKAN. DI-ER JI. DI-SI JUAN

出版发行：北京体育大学出版社
地　　址：北京市海淀区农大南路 1 号院 2 号楼 2 层办公 B-212
邮　　编：100084
网　　址：http: //cbs.bsu.edu.cn
发 行 部：010-62989320
邮 购 部：北京体育大学出版社读者服务部 010-62989432
印　　刷：北京雅图新世纪印刷科技有限公司
开　　本：710 mm × 1000 mm　1/16
成品尺寸：170 mm × 240 mm
印　　张：10.5
字　　数：109 千字
版　　次：2024 年 1 月第 1 版
印　　次：2024 年 1 月第 1 次印刷
定　　价：98.00 元

（本书如有印装质量问题，请与出版社联系调换）
版权所有 · 侵权必究

筹委会

（排名不计先后）

【河北】

王雪松　董智勇　侯晓山　张春光　智　泳　李向东　王弘武　苏建中　魏朝辉
王英臣　赵　军　段雷朋　王欢迎　孟祥国　刘明华　王文革　董法胜　卢宝库
马新华　孟令斗　李学兵　龙　威　狄松涛　牛树天　孟令聪　张永泽　孟令兴
孟令江　张思雨　高立新　陆明文　赵世君　张守安　王向东　赵永亮　曹彦场
刘　念　许　栋　卢保卫　庄国伟　孙　健　巩国平　孙　振　姜海伟　徐书长
王　宾　王永涛　赵志勇　张剑军　孟祥龙　柴海生　田卫民　王铁英　张继斌
秦晓悦　刘红强　王长军　田振伟　田　伟　闫庆洪　郎立成　张坤伟　李　波
周　弘　郗建勋　刘光芒　王福庆　张星一　董贵轩　高国辉　孟春华　陈志刚
张增海　李常琳　章建春　张　斌　李　冰　王小龙　鲍玉龙　常　军　李会锋
盖国海　张铁柱　钟俊峰　张根云　任增良　宋分成　李保辉　卜元法　刘　雷
封佳良　李立兵　郝桂英　杨志英　赵连江　张　聪　夏令虎　李正国　丁　强
李文龙　王学武　陈宇明　李金龙　张　义　牛志勋

【山西】

李旭东　刘笃义　苗树林　李乃勤　张振杰　陈贵更　姚建东　张　欣　邢晓朝
王连恒　王　兵　马德祥　薛文江　温锦铭　杨　军　郝利华　李俊杰　王守禄
董冬元　张奇林　任晓平　沈炜东　赵京生　刘叔勤　梁光平　郭玉文　李　白
王理生道长　吴志刚　阎子龙　王宏伟　王　建　李德仁　郭润泽　高玉兔
许青行　孙君荣　陈　娟　赵国华　王银辉　胡晓琴　田志丹　韦树杰　温玉恩
胡元亮　马海平　张玉全　阴建文　王日兵　郭　扬　释妙修　高全民　何　军
冉高峰　李正业　王勇义　晨　曦　田正西　马学恩　郭晋博　王建筑　高宝东

王太晨　侯庆林　朱喜何　宋宝贵　宋俊芳　吴会进　王俊香　张楗军　王德俊
胡佳锋　王雨东　李青峰　史德全　吕　卓　梁文章　李宇鹏　于庆海　吕永昌
吕传泳　李景福　乔一铭　王攀峰　石大永　姬俊峰　贾国喜　吴利生　吴利民
杨志忠　胡安辉　曹中义　胡丽娟　武　冬　王　勇　陆向春　高　静　姬　才
殷文军　王苗祥　王仲文　江俊峰　张丕锋　白玉仁　刘铁铸　秦同文

【内蒙古】

刘井春　褚海东　孙根新　宋仿琛　范健宇　武静安　刘永文　郭迎宾　王浩亮
卢爱琴　乾　坤　白景春　张国华　吕瑞亭　刘世君　周彦明

【北京】

胥荣东　康戈武　徐　杰　于昕洋　肖红艳　酒大雷　姜启超　聂志涛　刘　翊
吕鸣捷　赵安平　尚远宇　王　凯　孙汝贤　牛立新　孙国中　党雪田　高晓光
贾永安　邸国勇　乔　宁　辛　强　刘　铄　程庆余　王　桐　赵天阳　左宇彤
韩俊瑛　孙嘉浜　孙文景　白石羽　德　全　欧　阳　万周迎　徐　鹏　刘路遥
李　谷　左　健　付洪波　成金俊　黄志刚　李　戈　彭　龙　陈　轶　高雪峰
王宝山　王中行　王沥斌　贞　达　孙庆丰　薛　岩　李　迎　张　斌　洛　尘
张　磊　金　微　秦保华　杨文学　王庆年　徐　许　刘福龙　孙国柱　刘满常
于　浩　张国儒　刘万成　于　江

【天津】

崔　巍　于经元　胡向阳　刘宝林　张天龙　张金旺　丁伯立　顾海波　赵文龙
王　诜　王福勇　崔媛媛　马延凯　张聚贵　孙国善

【辽宁】

刘洪刚　任　彬　于万凯　孟　涛　黄中元　高　朋　万　勇　梁　丰　孔德林
潘大庆　王秀如　臧福源　李保刚　薛圣东　孙贵东　袁　波　张　悦　韩宝轩
蒋秀山　侯　明　乔　武　刘英伟　张国志　刘计星　李金友　高　宇　马　畅
郑维钧

【吉林】

张　河　邓宇光　李　银　丁　皓　骆立文　王君波　孟　宇　徐厚祥　佟　冰
倪　郝　赵　耀　郭其武　袁洪范　刘　君

【黑龙江】

佟亮辰　张艳阳　陈玺镔　张指辉　王　皓　宋　梁　郭宝成　陈　斌　刘立国
毕文波　杜伟国　黄忠伟　李　冰　吴　俣　曹志峰　马宏伟

【河南】

张雄鹰　种明生　郭航海　王志远　贾自愿　安呈林　朱利军　释延布　杜长坤
刘启飞　石　勇　王农川　郑营俊　常青州　张　艺　马众森　王占敏　巩建松
倪根上　陈近仁　李朝乾　李紫剑　邢红义　李佩革　刁修华　梁靖予　宋尚军
释延巽　李红林　赖庆新　陈万军　郝跟上　张　帆　恒　勇　王子淳　张亚东
孙明亮　魏淑云　赵振选　王会武　耿　军　买西山　买　威　时晓武　买　勇
买仁萍　仵　锋　马德占　王长明　张伟兵　代忠波　张　玮　段建民　孙保才
李小欣　酒同标　酒小郎　苗轩国　孙和龙　孙随成　焦立武　王建设　刘培兴
苗鸿宝　苗步超　张运生　苗田营　苗富强　杨德民　胥兆飞

【湖北】

徐　斌　张建生　李应龙　刘　杰　石　峰　田　浩　夏四鸿　梁靖予　陈玄机
瞿凤华　秦声浩　严　飞　姜学斌　郑桂桐　胡炳林　李德民　薛兴江　胡圣奎
王卫红　焦通章　徐赐兵　黄亚平　戴珂铭　张　显　刘秋龙　马国平　薛劲松
李志武　丁大益　黄胜文　唐俊虎

【湖南】

苏若鸣　陈开喜　王常秀　张常海　邹　骁　刘建湘　黎昌元　向军华　张继桂
蒋谷川　滕召军

【广西】

黄耀丹　夏　敏　唐晓艺　严翰秀　赖铭强　梁杰乔　张容嘉　廖贤阳

【广东】

于鸿坤　蒋荣杰　任官生　蒋子龙　张俊林　蒋化一　李湘山　刘　泉　沈建杰
余锐镔　张勇强　方　金　陈　执　毕荣俊　刘志坚　靳清江　马廉祯　吴广添
邵剑波　梁伟民　颜志图　吴启贤　陈　伟　王　贵　张梦阳　陈福和　廖锦泉
方应中　陆常康　杨亚国　房向南　陈健志　覃海权　徐　宏　梁柏清　赵刚生
江善祯　房　生　黄　熠　李伟光　贾华兵　王会哲　林国生　吴晓辉　吴立群
冼伟昭　梁文楷　黄仕君　曾奕涵　钟立强　陈会崇　杨柳标　王邦菊　张广辉
刘志添　刘春涛　杨春茂　詹亮清　莫华法　罗浩苑

【深圳】

郑喜平　周　华　李翰青　曹革林　苏洪海　梁　丰　贾永唐　徐百军　连　成
蒋定臻　王继勋

【海南】

梁昌泰　张　雷　李　秀　陈东升

【山东】

高鹏熙　李满利　张松仁　谭京杰　王　刚　马　斌　刘　毅　孙胜辉　周云峰
王玉金　尤明达　厉善祥　刁长俊　周庆春　孙丰玺　许　峰　王芝强　王　斌
刘维明　战文腾　宫智辉　倪德飞　孙思蒙　张　斌　郝代远　史　鼎　康汝宙
郭　宁　张长生　赵延俊　张胜利　张克田　周　游　刘　伟　安宝东　刘军农
董玉明　王景钏　贾友民　张树远　李保庆　王继国　王焱鹏　潘　章　高　承
李万温　张卫东　王宏全　王　伟　梁国爱　李海涛　李飞林　刘连洋　王国川
郑中华　张彦营　姚　磊　刘东强　白正刚　吕延波　洪卫国　张延斌　谷志强
孙晞棠　赵国忠　邓　桦　曹广超　周　琦　陈　雷　泰　祯　李安国　郭英新
徐西林　董志忠　张乐华　孙瑞全　张元海　刘龙昌　谭凯文　冯长源　杨　雷
张　涛　李其胜　梁殿品　张祥泽　朱宗启　薛士玉　杜孝伟　朱永强　樊　霄
杨圆义　刘道毅　李若现　王立岩　要学良　刘圭生　郭玉刚　张　鹰　李金顺
彭维利

【江苏】

杨　忠　窦小彦　许　忠　江其林　兰顺林　王存果　刘季月　周晓明　卜照生
张　亮　马　伟　时丕昌　师厚春　徐　帆　林圆龙　梁　雪　王新跃　谢逸繁
李　胜　解建昌　张爱成　沈枫涛　翟爱武　王吉波　张爱春　王海港　胥子连
毕明府　程　明　刘　通　陈军民　虞洪涛　张　滇　陈灏梁　景怀义　韩运疆
宫翠峰

【浙江】

仇富军　吕　亮　倪顺坚　孙　吉　杨秦健　张　斌　金　翰　王良辰　李继红
蔡德强　戴有木　张青松　马俊成　刘　柱　俞永辉　刘立存　李诚勤　张　俊
高宜挺　许科军　俞佐清　顾　坚　王圣华　刘小峰　杨　华　陈碧如　邓显群
顿鹏辉　江　澜　王一静　姚步高　江敏华　王纪杰　蒋　文　陈宇阳　钱周锋
周　明　蒋仲清　陈幼根　周　锋　陈沛宝　赵　青　凌风子　景　然　周美良
潘小江　卢成昌　潘石弟　凌懿文

【福建】

王福民　蔡卫权　倪忠森　王振河　张祖永　蒋秀山　许剑云　陈向荣　孟庆贺
连国汉　林　峰　俞景耀　陈恒演　涂智兴　罗建晖　林和顺　胡文辉　梁　涛
林建栋　吕信明　周　攀　杨　晗　刘有春

【安徽】

胡春泉　曹　军　钱军帅　祝安园　聂红松　江　奎　魏　冰　毛立欢　冯　皓
欧阳兴业　马　林　铁中玉　刘俊杰　王靖华　武爱东　陈晓东　徐永银
吴　笛　陈　军　赵　飙　张宏华　王　磊　吴　昊　胡卫东　吴　伟　谭全胜
刘法志　汪　泉　乔长良　朱红军　杨纯生　卫　存　卢　杰　秦　琥　王学东
聂　刚　曹其根　曹季泉　曹加才　纪良发　曹　凯　董德霖　张　博

【江西】

熊庆云　钟水清　李舒霖　郭木青　王联军　唐毓堃　张功燚　李江明　屈　群
刘　超　应宗强　李洋洋　陈　军　乐　繁　代建国　钟祥明　虞法志　章新尧
林爱兵　林国生　刘炳开　童加清　李曦初　李海斌　王禹平　崔瑞郡　李广华

【上海】

林　杰　谭振勇　朱长跃　樊永平　杨雨辰　金培贤　金俊达　尹　捷　薛怡平
鞠学东　阚水源　凌先生　孙连盛　杨志承　孙经纬　王宝财　谢琦辉　刘　志
何轻舟　吴爱民　宋　旭　游　清　释永照　董家良　董纲成　陆龙祥　陈海光
梅永福

【陕西】

李　钢　张　钢　郭华东　邵　华　杨俊伟　罗　德　董安强　贺元瑞　杜群喜
杨伟峰　王晨生　杨　坚　白永东　孙　武　陈少纯　郭桂荣

【甘肃】

郝心莲　辛富国　金　宏　李宝才　温世杰　马　伟　汪子竣

【宁夏】

杨文舜　梁杰乔　吴　涛

【青海】

马宏伟　朱春明

【新疆】

赖宝珊　任　军　黄尘哲　张新民

【云南】

黎丽辉　曾　瀚　李太宏　鄢　博　赵顺军　张晨光　叶昆生

【贵州】

杨绍平　谢明宇　刘　曦　孙鲁龙　黄　檗　刘庆涛　曾昭弟

【四川】

侯　毅　古海啸　梁军民　金　亚　李　阳　周新杰　罗　斌　王伟骅　陈兴均
曹　卉　兰　唯　唐博文　郭　建　邱湘彭　罗小波　唐　昶　黄趾洲　温昌奇

【重庆】

罗　明　徐泉森　罗先雄　曹晓东　陈治军　张文欣　张宗华　周光华　黄文才　吴洪明　刘天海　袁一晋

【香港】

李健雄　Mehdi　谢永铭

【台湾】

杨正隆

【其他国家】

黄少武　王振身　陈　闯　龙勿用　胡耀武　柳寿晨　容光远　张立彪　甲斐正也　村上正洋　片桐阳　马永光

特别鸣谢

李金明	王彩鲜	李延春	庞明泉	李　翔	智晓园	于　芳	张　梅	周兰英
安　毅	王新瑞	李克宣	崔并花	杜崇开	刘　洽	张　昭	李继光	薛思问
杨春兰	李　懿	邹德发	吴世勋	高友孝	刘瑞荫	黄兴发	王云山及其姐	
袁树礼	郭荣珍	耿爱梅	刘丽俊	郝富义	李补鱼	郝锦园	杨桂芳	杨洪喜
刘怀玉	钟雪友	蔡震升	伦怡馨	高　瑛	李龙城	张魁武	柳百成	张德生
李建勇	贺国安	王慧琴	冯银刚	韩太民	韩原民	曹东红	王　浩	韩常林
韩焕茹	尤素娥	赵海凤	胡玉洁	张桂兰	田喜凤	郭宝芳	魏宏斌	袁建斌
郭　宏	马润生	冯骑明	阎文辉	焦清华	王秀丽	郭　刚	韩秀英	卢冬光
张雪刚	尹贵龙	范阿宝	朱建华	巩爱平	胡建彪	何建东	郝宪伟	郝建邦
郭仁实	高澍芃	江敬斌	薄建东	郑　炜	周　宏	吕　毅	徐用生	田春林
李　明	师维勇	韩小华	尹小玲	赵学毅	刘巧莲	任建玲	赵媛凤	义瑞珍
张玉香	张秀玲	魏巧燕	王小源	海晓霞	刘庆林	赵丽华	徐　静	姚书典
殷　岩	王小根	王海英	宁晚林	胡玉亭	乔　栋	田振山	林　纲	赵大春
朱　峻	王民忠	李　刚	顾武安	李　峰	章　青	叶林忠	贾云杰	许树华
杜　箐	刀京梅	孙慧敏	姜淑霞	王占伟	王艳玲	常学刚	梁伟民	王跃平
冉宏伟	王　蓉	苑博洋	胡志华	李博伦	宋杨萍	韩　翔	田海英	

恩师朱华先生、师母冀秀珍女士

父亲崔官禄、母亲王玉莲及兄弟姐妹各家人

目录

拳法真传合编——西部

提要

《新著拳法真传合编》，四册，手书稿本，字体行楷相间，总体工整。原书共六册，以上部、东部、西部、南部、北部、下部区分，每册分述不同拳法，目前仅存上部、东部、西部、下部。总览现存的四册可知，作者应为徐玉温，写于民国二十三年（1934 年），但从字迹上看，四册又似乎不是同一人所写，具体情况待考。四册均有污损，整体上不影响阅读，个别处字迹缺失或难以辨识。

《新著拳法真传合编》（以下简称《合编》）上部扉页题名为《梁达摩撣腿释义正宗》，而目录中则名为《新著撣腿释义正宗》，后文的序也为《新著撣腿释义正宗序》。全书无图，纯以文字阐述。另外，本册载有《新著拳法真传合编总目》，有助于了解《合编》全书的内容结构。

《合编》东部扉页题名为《梁达摩二十四式并二十四式行拳》，而文中则名为《拳术二十四式》和《二十四式行拳》。全书无图，纯以文字阐述拳术二十四式和二十四式行拳两部分内容，并且这两部分内容又均有各自的目录和内容。

《合编》下部扉页题名为《清顾焕章子母同备拳》，后文则为“子母同备拳”。子母同备拳内容之后，续有《重著捷拳新编》。对此，上部中有所说明。全书无图，纯以文字阐述。

《合编》四册均存在内容逻辑相对清晰，但细节处理较为简单的问题，一定程度上影响了阅读体验。

民國甲戌年

子觧氏手定

新著

拳灋真傳合編

西部宋

一心祖六家式併六家式行拳

較明新著六家式卷一

古莫徐玉溫子穌氏手著

徐作鈺 字式卿 湖北商陸

李文厚 字子然 直隸遵化

受業

金錫恩 字壽棠 北平

陳鍾岳 字秀峯 銅仁

仝較

目錄

較明新著六家式序

六家皇帝姓名

論趙太祖御制六家合編

論六家式奇技邁衆

六家式稱謂六德派

六家式每揚手法名色

六家式每揚手法名色數目若干

六家式每揚舞法 名目

較明新著六家式序

蓋武術之家擊演六家式一藝大凡皆知其拳技名為六家式之稱考其姓名原係何人始於何朝何代所屬何人增添修制歸輯成一方傳於世恐未知其詳也余昔亦昧昧不明悶悶數年渾而不解為此討論友人就正名家尚無得其確焉又各本搜羅查考綱目歷史得悉六家之根源本出於殘唐五代之世後經編輯者合為六家六家者乃朱李石劉柴趙是也迨至宋朝太祖神德皇帝選擇五家技藝合編為一技名謂六家式此六家之來由也今

較明張註章書於紙令學者一目了然以免括囊矣將六家姓

名書列於左

五代　梁唐晉漢周

後梁紀

太祖皇帝

姓朱名温更名晃宋州楊山人父誠以五經教授鄉里初

温從黄巢為盜降唐賜名全忠拜汴州刺史宣武軍

節度進封梁王篡移唐祚在位六年為子友珪所弑

壽六十一歲

後唐紀

莊宗皇帝

姓李名存勖小字亞子其先出於西突厥自號沙陀而以朱邪為姓祖赤心討龐勛功拜振武節度賜姓李名國昌父克用破黃巢復京師功拜河東節度封晉王存勖嗣立滅梁稱帝國號唐在位三年為郭從謙所弑壽三十五歲

唐王不失手搏之約

唐王嘗與存賢手搏存賢不盡其技唐主曰汝能勝我當授藩鎮存賢乃仆唐主至是以存賢鎮幽州曰手搏之約吾不食言

後晋紀

高祖皇帝

姓石名敬塘西夷人唐明宗壻也為太原節度尋起兵滅唐受契丹冊命為皇帝在位七年壽五十一歲而殂

後漢紀

高祖皇帝

姓劉名知遠更名暠其先沙陀部人後世居太原初仕晋領忠武軍節度後封北平王及契丹滅晋中原無主遂即帝位在位二年壽五十二歲而殂

後周紀

世宗皇帝

名榮姓柴氏太祖后兄守禮之子太祖無嗣養以為子在位六年壽三十九歲而殂

宋紀

太祖神德皇帝

姓趙名匡胤事周世宗拜殿前都檢點世宗殂恭帝年七歲即位僅六月匡胤遂篡周廢恭帝為鄭王而自立在位十六年壽五十歲而崩

論趙太祖御制六家合編

宋代趙太祖者名匡胤直隸涿州人也父弘殷母杜氏生匡胤於夾馬營生時赤光繞室異香經宿不散號為香孩兒事周世宗拜殿前都點檢陳橋驛兵變為衆所推黄袍加身翰林承旨陶穀袖出禪詔廢恭帝

為鄭王而自立且太祖微昔神威奮武創業江湖逞雄於天下後臨蒞中國踐天子位爲足稱馬上皇帝英雄天子憶昔年以花拳技藝雄豪一世今登極而在高位聖心興懷以樂素志故將前朝五代皇帝朱李石劉柴五帝英武聖技選摘要秘手輯合編爲一劇名謂六家式褒獎榮美不泯五皇帝之名其技獨成於宋太祖聖手所編是爲六家之名稱也

且趙太祖武技聖術立法一門名曰花拳門六家式拳術者本由太祖花拳門中所有於今六家合編之技傳滿天下六合者稱爲普通也

論六家式奇技邁衆

余好觀武事嘗見武術之家繞場擊舞手舞足蹈往来旋轉如猱升年舞不越臥牛之地便覺好工巧習自恃精妙以予視之不免雕蟲鄙技不足悅觀豈可與六家技藝並論哉余非性質偏袒而有彼短己長之誚汙不至阿其所好蓋拳術之中無超出於六家式之上者也若論其體勢丰神氣度恢弘法式雄偉若論其奇技立異龍行虎步會意造成美術並皆佳妙鵰飛鶴立象形運用奇技盡屬精絕神清氣爽步整身活手法赫

大式樣輕圓足稱大氣風流奇技邁衆他拳不及真萬古一技也
余獲此一技視若掌上明珠枕中鴻寶令人愛不釋手是以拳拳
而識之
峕逢
民國二十有三年歲次甲戌冬月下澣編誌於南阜村東麓
小書喒南窗之下
愛劍道人手撰併書

六家式稱謂六德派

六家式者稱之曰六德派也何謂六德乃智仁信義中和也梁曰取智唐曰取仁晉曰取信漢曰取義周曰取中宋曰取和太祖編輯成一名為六家式即六合也是為中六合乃謂六德派也趙太祖自取稱其和而取技藝和合之義表明聖朝皇帝文盛武烈舞揚天子之六德也

原本此页无内容

六家式每趟手法名色

第一趟

第一手 金龍探爪 俗名披掌

二手 乘馬戳龍 俗名盖拳

三手 虎卧天门 俗名丁架

四手 回頭望月俗 名卸眠式

五手 蛟龍戳海俗名 披盖蹲架

六手 迎门拒虎俗 名連還掌

七手 撥雲望月俗名 挑手丁架单鞭

八手 指日高陞俗名 供步单鞭

九手 蟠龍式俗名 穿手蟠架

十手 魯陽揮日俗 名供步单鞭

十一手 疾雷震耳俗 名行步盖腿

十二手 同上

十三手 黄龍轉身俗 名點步收山

十四手 手雷震耳俗 名提步盖腿

十五手 鳳落荆山俗名 提步丁架单鞭

第二揚

第一手　掐日高墜俗名供步單鞭

二手　蟠龍式俗名穿手蟠架

三手　魯陽揮日俗名供步單鞭

四手　雷鳴九臯俗名詐法蓋腿

五手　白鶴展翅俗名進從手

六手　虎臥鳳閣俗名丁架倒收山

七手　金蜂撲耳俗名刁手嘴把

八手　蟠龍式俗名穿手蟠架

九手　跨鶴登雲俗名外撞腿

十手　卞莊搏虎俗名摟手強扒

十一手　仙人換影俗名轉身倒收山

第三揚

第一手　夸父追日俗進撒邋步

二手　怪蟒翻身俗名翻身披蓋

三手　荊山棲鳳俗名归丁架單鞭

第四揚

第一手 海底撈月俗名 撒邀步收山 二手 蛟龍分水俗名 分手蓋腿 三手 羊角式俗名 旋風脚 四五手 二虎攔路俗名 挑手強打

六手 白蛇吐信俗名 順手強掌 七手 似人換影俗名 轉身倒收山

第五搗

第一二手 鯤鵬展翅俗名 左右十字拳 三手 虎臥鳳閣俗名 丁架收山 四手 金蜂撲耳俗名 弓手嘴把 五手 蟠龍式俗名 穿手蟠架

六手 龍擺遊海底俗名 挑手供步單鞭 七手 隔簾望月俗名 抱合尖腿 八手 跨鶴登雲俗名 轉身撞腿 九手 黃龍轉身俗名 翻身披蓋

十手 虎立鳳閣俗名 点步倒收山 十一手 風輪三轉俗名 蓋面三鎚 十二三手 二虎攔路俗名 挑手強掌 十四手 白蛇吐信俗名 順手強掌

十五手 仙人摸影俗名 轉身倒收山

第六捶

第一手 猛虎攔路俗 名跳架虎山

二手 迎面擊虎俗 名摟手强掌

三手 藉代式俗 名攔腰掌

四手 虎臥鳳閣俗名 丁架倒收山

五手 鷹秦繞柱俗 名刁手雲没掌

六手 隔簾望月俗 名抱车式

七手 仙人擊戶俗 名蓋面掌

八手 金鵰展翅 俗名提步单鞭

九手 鳳落荊山俗名 丁架单鞭

十手 迎門拒虎俗 名穿手强掌

十一手 仙人指路俗 名並步指掌

十二手 懷中布月俗 名抱拳收式

六家式每揚手法名色數目若干

第一揚十五手

第二揚十一手

第三揚三手

第四揚七手

第五揚十五手

第六揚十二手

六揚共六十三手

原本此页无内容

六家式手法名色註解

第一揚

第一手 金龍探爪

第二手 乘馬戲龍

註二十四式第二手

宋朝劉鋹趙太祖釋鋹罪封恩赦侯鋹體質豐碩眉目俱疎有口辯性絕巧嘗以珠結鞍勒為戲龍之狀極其精妙以献宋主謂左右曰鋹好工巧習以成性儻能移於治國豈至滅亡哉

第三手 兎卧天门

諺云南天门左有青龍右卧白兎之說

第四手回頭望月　如回頭眺望明月之狀

第五手蛟龍戲海　如蛟龍戲海之狀

第六手迎門拒虎　如迎門拒擋猛虎之狀

第七手撥雲望月　如以手撥開雲霧而望月先

第八手指日高陞　指日謂陞遷之日可指而定也

第九手蟠龍式　註二十四式行拳第七手

第十手魯陽挽日　淮南子魯陽公與韓搆難戰酣日暮揮戈挽之日返三舍

第十一手疾雷震耳　疾雷暴雷也疾雷之声不及掩耳

第十二手 同上

第十三手 黃龍轉身

第十四手 手雷震耳

第十五手 鳳落荆山

第二揚

第一手 掐日高墜

如黃龍翻轉身形之狀

張虛靜天師隱居龍虎山結廬而處有法術能為張手雷以降妖孽至清朝天師進京朝見皇帝天師之法官寄賣張手雷

註二十四式第二十一手

第二手　蟠龍式

第三手　魯陽挽日

皆註上

第四手　雷鳴九皋

詩經有鶴鳴於九皋声聞於天之句九皋即九霄也雷鳴九皋雷声極高也

第五手　白鶴展翅

註二十四式四十一手

第六手　虎臥鳳閣

註二十四式第十八手

第七手　金蜂撲耳

如金蜂撲入人耳

第八手　蟠龍式

註上

第九手跨鶴登雲

第十手卞莊搏虎

第十一手仙人換影

第三搨

第一手夸父追日

第二手怪蟒翻身

第三手荆山棲鳳

如仙人跨鶴登雲之狀

註二十四式行拳二十一手故事

如仙人轉換其影之狀

夸父欲追日影逐之於陽谷之際渴欲飲赴河飲不足將走逃飲大澤中未至渴死棄其杖膏肉所浸生鄧林竹廣數十里

如山中怪蟒怒而翻身之狀

註第一搨第十五手故事

第四揚

第一手 海底撈月

第二手 蛟龍分水

第三手 羊角式

第四手 二虎攔路

第五手 同上

第六手 白蛇吐心

第七手 仙人換影

如海底撈月之狀

龍能治水如海中蛟龍分水之狀

俗名曰旋風脚 旋風屈曲上行之風 莊子有鳥名鵬

翼若垂天之雲摶扶搖羊角而上者九萬里

如二虎阻路之狀

如白蛇吐舌戲物之狀

註前

第五捺

第一手 鯤鵬展翅

北海有大魚雄曰鯨雌曰鯤眼如明珠鼓浪成雷濆沫成雨大者數千里任是大物一口吞之鯤老化為鵬者大鳥、有沖天之志以大鵬兩翅之舒展

第二手同上

第三手 虎卧鳳閣

第四手 金蜂撲耳

第五手 蟠龍式

第六手 龍遊海底 皆註上

第七手　隔簾望月　如隔簾眺望明月之状

第八手　跨鶴登雲

第九手　黄龍轉身　皆註上

第十手　完五鳳閣　如完獨立於鳳閣之上

第十一手　風輪三轉

天地悉在水之中央地乃得浮在水面上

水面之上　頭一層是風輪有一百六十萬由旬高

第二層是水輪高有八萬由旬廣有一百二十

二十四百五十個由旬

水輪之上　第三層乃是金輪高有三十二萬由旬

金輪之上　第四層乃是地輪高有六萬八千由旬

第十二手 二兕攔路

第十三手 同上

第十四手 白蛇吐芯

第十五手 仙人換影 皆詳上

第六揚

第一手 猛兕攔路 如行人忽遇猛兕阻路之狀

第二手 迎面擊兕 如迎面遇兕以手相擊之狀

第三手 藉代式 如順式藉打之狀

第四手 兕卧凤阁

第五手 鸑秦繞柱

第六手 隔簾望月 皆註上

第七手 仙人擊戶 如仙人擊戶之狀

第八手 金鵰漫展翅 註二十四式行拳第四手

第九手 鳳落剁山 註前

第十手 迎門拒兕 註前

第十一手 仙人指路 註二十四式行拳第三手收式

第十二手 懷中布月 註二十四式行拳第四手收式

六家式拳法名目

第一揭

洪主朱全忠本技號為洪派

第一手

金龍探爪

俗名披掌

先放左步落騎馬式左手掌從下轉上盖脸面往外一披掌在前直放右手從下走轉入後勾子手直伸開

第二手

乘馬戲龍

俗名盖拳

上右步提左步右手從下往上向前一盖拳直放左手往下一摟轉上盖脸面過來归護肩掌

第三手

虎卧天門

俗名丁架

兩手原式不動漫々落左步丁架面向前兩手仍照原式不動

第四手

回頭望月

俗名卸賬式

往後卸左供步左手從地勾子手摟着走轉上去後边照着右手拳直伸面轉回往前看

第十四手　手雷震耳　俗名提步盖腿

右手拍右足面見响打了足右手掌伸直微〃停〃左手後边勾子手直伸提看右步

第十五手　凰落荊山　俗名提步丁架单鞭

穿出左手右手護肩掌往後撤落右步又撤左步〃微提再落左步丁架右手從下往上挑轉入後边勾子手直伸左手從下轉在前掌直伸此謂丁架单鞭

六家式舞法名目

第二搨　唐主李存勗本技號為唐派

第一手　指日高陞　俗名供步单鞭　與第一搨八手同

第二手　蟠龍式　俗名穿手蟠架　與第一搨九手同

第三手 黃鶯老日俗名供步單鞭

第四手 雷雲九皋俗名詐法盖腿

第五手 白鶴展翅俗名進掹手

第六手 宪卧鳳閣俗名丁架倒收山

第七手 金蜂撲耳俗名刁手嘴把

與第一攜十手同

上右步又上左步顛架落又上右步両手一拍掌見响

左手勾子手往後一摟顛起架來右手拍右足面見响

拍了足右步提看不落左右兩手後边勾子手直伸

左右兩手在右腿胳膝盖上归鎖手兩手往上一分掹

閃上岸右步顛架又上左步落供步往原门走左

右兩手勾子手在後边直伸

右步往上归丁架右手盖脸面過来归護肩掌

左手勾子手在後直伸

往正门上右步又上右步並步右手伸閃一刁手〻〻疊在

第八手 蟠龍式俗名穿手蟠架

第九手 跨鶴登雲俗名外撞腿

第十手 下莊搏兎式俗名摟手强打

第十一手 仙人換影俗名轉身倒收山

胳膊腋下左手掌横絃過来平着直伸按右步蟠下架穿出右手拳在後边照着左手归護肩掌

两手原式不動左足往外横踹將身騎平謂亦撞腿

左手伸開往前一刁往後一摟勾子手在後直伸右手拳叠着往外打出落上左步供步

上右步轉回身穿出左手轉入後勾子手直伸右步揑着轉過来右手順右腿貼衣掃下令其有声再盖臉面過来归護肩掌供左步面向前

六家式舞法名目

第三揚

晉主石敬塘本技號為晉派

第一手　夸父追日俗

第二手　怪蟒翻身俗　名翻身披蓋

第三手　荊山棲鳳俗　名歸丁架單鞭

先上右步又上左步又上右步兩手原式不動右步在前左步在後往前赶兩個撒蹤步

穿出左手翻身顛起左步落下再顛起右步來右手拍右足面見响拍了足面右手在前是掌直伸左手在後勾子手直伸右步提着不落是轉過身來面向後然後往前翻身右手往前披左手往前一蓋落右步供步左手在前是掌右手在後勾子手前後直伸

兩手原式不動身形一正丁下左步眼往回裏向此謂單鞭式

六家式舞法名目

第四搗　漢主劉知遠本技號為漢派

第一手　海底撈月　俗名　撒遛步收山

第二手　蛟龍分小　俗名分手蓋掌

第三手　羊角式　俗名旋風脚

放左步鋪地右步往前趕兩足用力往前一撒遛又再鋪下左步左手往下一摟蓋臉面過來归護肩掌右手從地走刁手在下直伸上右步丁架

左手往下一摟轉在後边掌照着右手蓋臉面走往外一蓋上右步鋪下右手掌在前直放、在步上

右步一用力將左步提起再一落顛架大轉身過來左手拍右足鞋底見响然後又將步鋪下仍归原式

第四五手 左右二毛相路俗名挑手强打

第六手 白蛇吐心俗名順手强掌

第七手 仙人換影俗名轉身倒收山

往二挑右手轉在後边拳照看往上丶左步左手打出打供步是拳将左步徹回丁架左手拳看着此一手向越门走

往上挑左手轉在後边拳照看往上丶左步又上右步供步右手拳打出将右步徹回丁架右手拳看着此一手向原走

上右步供步右手掌打出直伸後边勾子手直伸

上左步又上右步又上左步大轉身過来其餘與第二楊十一手則同

六家式舞法名目

第五搨 周主柴榮本技號為周派

第一手左 第二手右 鯤鵬展翅俗名左右十字拳

上右步又上左步又上右步提着左右手一穿左手拳掃右步下来落下右步供着左右兩手伸開如鳥舒翼向越门走

上左步又上右步又上左步提着左右手一穿右手拳掃左步下来落下左步供着兩手如前状

第三手 凴臥鳳閣俗名丁架收山

左手變勾子手在後边直伸右手變掌蓋脸面過来归護肩掌右步归丁架

第四手 金雞撻耳俗名刁手掌把

第五手 蟠龍式俗名穿手蟠架

第六手 龍遊海底俗名挑手供步单鞭

第七手 隔巖望月俗名抱合实腿

第八手 跨鶴登雲俗名轉身撞腿

與第二趟七手同

與第二趟八手同

上左步鋪地走轉成供步左手掌順左步貼地走出去是掌在前直伸右手變勾子手在後直伸

左手往上轉往下一摟轉上去是拳叩着右手從後轉在前從下边走是拳仰看一仰一合一上一下

右腿踢是实腿踢了不落步提着往後倒上右步右手拳穿出胑着左手護肩掌身子踹平左腿往外踹撞腿踹了提步不落

第九手 黃龍轉身俗
名翻身披盖
第十手 虎立鳳閣俗
名点步收山
第十一手 風輪三轉俗
名盖面三錘
第十二三手左右 二虎攔路俗
名挑强掌
第十四手 白蛇吐心俗名
順手强掌

往後上左步落供步翻身披盖左手拳往後一
披轉入後直伸右手拳一盖直伸身面俱向後
往前一轉一正身形点右步左手勾子手後边直伸
右手盖臉面過來归護肩掌面向前大架
右手拳從裏面盖面過去往外盖左手拳往外盖從
下边轉回來後边照着右手拳從外边走又盖出去將
右步放上去鋪下右手拳放在右步上
與前四搨第四手第五手同所異者叠拳不照
着打出去是掌回來看着是掌
與前四搨六手同

第十三手　巴人長勁俗名猴子坐山　異言四指文手目

六家六式無法名目

第六摀　宋王趙匡胤本技號為宋派

第一手　猛虎跳澗　俗名跳架虎山

往上跳上右步又上左步拱步右手往下一摟轉上去手心向下左手從上往下一按盖臉面下來手心向下下去背左手一翻手心翻過來向上上下兩手手心相合閃出臉面來

第二手　迎面擊虎　俗名摟手強掌

上右步點着大架右手往回裏一摟勾子手伸開左手掌打出在前直伸

第三手　藉帶式俗名攔腰掌

上左步供步左手往外一摟轉上去掌照看右手掌使掌斜看手心向上用手掌子打腰間

第四手　亮臥鳳閣俗名丁架倒收山

與二搗第六手同

第五手　鷺鷥繞柱俗名刁手雲沒掌

往上〻右步又上左步又上右步並步右手往外一刁紜平直紜過來勾子疊看左手平着橫紜過來手心仰看手伸直大轉身過來

第六手　隔山望月俗名抱平式

左手〻蓋面按下去右手迎下在面还上去左手〻心往上翻上下兩手〻心相對此謂抱平式

第七手　仙人擊户俗名蓋面掌

往後撤右步供步右手掌一翻腕以打之壯直伸左手護肩掌

第八手 金鷄亮展翅俗

名提步单鞭

第九手 鳳落荆山俗

名丁架单鞭

第十手 迎门拒虎俗

名穿手强打

第十一手 仙人指路俗

名並步指掌

第十二手 懷中布月俗

名抱拳收式

穿出左手右手護肩掌然後提起左步来々左右两手两下一分「變手音右手掌直伸左手勾子手直伸不换式左步落丁架變左手勾子手在前直伸右手归護肩掌

還左步落騎馬式右手一穿左手拳打出右手拳疊在腰间

往上々右步並着左手拳仍然直伸不動右手掌轉上去照着左手掌指亦可

不動步两手一齊落下两拳相並在胸前此是抱拳收式六摘完結 出式者亦是抱拳出式

原本此页无内容

新著六家式行拳卷一

古莫徐玉溫子龢氏手編

徐作鈺字式卿　湖北商陸

受業　李文厚字子然　直隸遵化

金錫恩字壽榮　北平　同較

陳鍾岳字秀峯　銅仁縣

目錄

師生問答

論六家式行拳手法着術若干併運用之妙

六家式行拳手法名色註解

六家式行拳每搨舞法名目

論武術易筋健骨之益

余身體素弱年少多疾病母甚憂之延醫調養求健體之方服藥千劑百治無效身體軟弱也如故至年十有五適諸窗友家經臨街閭內武術館入門參觀武技見而悅之歸家商之於母母心愛子無所不至幸而不禁隨予所欲因師事於家族長者徐君名瑞成每讀書偶暇必練習武術師告之曰凡行外壯之功必須靜氣凝神不可用力太猛令傷神氣也若夫當練之時提胸下氣探背鬆肩先以舒暢柔和之氣力運行於四肢手舞足蹈緩緩運動也至日遠自覺心思法則俱熟週身

之力自能貫通此練力練氣易筋脈强身體之法也務須人而有恒戒酒色忌懶惰日無間斷之功專心練習能長千觔之力亦能健食延年消除一切疾病真神妙也余遵師之訓如法實作日課三遍永不懈怠至三年餘覺筋骨强壯力增無窮能食肉麵各斤尚且不飽余昔身體素弱而今反强壯今吾不似故吾也得此擊技之方如獲益寶由成童以至花甲武功未嘗有退覺神清氣爽體壯身强乃深得武備之力也此是健體之良方長生之靈藥少者習之易筋健骨保衛一身老者練之添精助神益壽延年夫武術一事大有益於人也

師生問答

李文厚曰人為萬物之靈有生質之美百藝之才譬如天下極難習之事倘專心誠求則得之而豈難也故諺有之曰惟純乎一心那怕龍門萬丈若夫專心致志即神仙可學況他技乎此所謂世上無難事也然而普天之下竟有一大難事人皆曰不能猶天之不可階而升也捨此一者有何難事哉且生係直隸遵化縣城東五十里馬陵峪人也李姓名文厚字牙然由八歲入小學童牙從父讀書與羣兒倍師作戲年地掘一土井深則僅尺餘雙足落井中兩手抱肩兩腿雙曲一身用力往上岸

跳之復又跳下日日用力作法忽上忽下用法漸熟從容有力復掘井使深法如前狀三年餘一躍高起丈餘便覺身輕如燕飛翔上下跳躍無不如意其名曰縱法又與群兇扳垣為戲兩手抱牆角如猱升木或用長竿以拄借竿力而上練法精熟或登磚越瓦飛簷走壁如履平地或以頭向下兩足朝天或兩手帶鉤抓牆壁倒行而上如百足之虫緣壁趴行其上其行甚速毫不費力以致群兇拍掌而樂不意被吾父見之嚇曰蠢子不學好事習此長大想作梁上君子也後不敢復為此戲於此驗之人為萬物之靈生有百藝之才乃天下無難習之事皆由專心學

之而得來也至年十有六歲隨兄貿易因而流落津門蒙華新經理人員公舉公會委員一差於今不覺年近弱冠矣登夫子之門牆幸得受業無異三生奇緣也昨觀夫子擊演武技足提身輕有飛虹走電挽月留雲之妙有觸弟子幼習好動之性但未曉此拳技係何名稱敢問夫子請乞賜教余答文厚曰此拳名謂六家式内之行拳文厚曰請詰何謂六家式内之行拳原始於何朝何代係何人遺傳余答文厚曰六家者梁李石劉柴趙是也始出於梁唐晋漢周五代皇帝遺留文厚曰梁唐晋漢周乃係五代

皇帝有五緣何稱得六家余答文厚曰後經宋太祖神德皇帝将五朝皇帝遺留之技歸輯成一方得稱六家此六家之綱目也文厚曰既宋太祖将五家之技合編成一名稱六家式一技何又有六家式内之行拳使弟子之惑滋甚敢問六家式内之行拳之義何說也余答文厚曰所謂六家式内之行拳行其六家式全技之中要秘之機千變萬化發生着術之妙也故謂六家式内之行拳文厚曰敢問六家式内之行拳行其六家機變之法而行之行之之實也余以答文厚曰譬如人之全體乃是血肉之軀四肢百骸五臟六腑耳目口鼻俱備而

無靈魂安能生活亦無知覺運動六家式一技猶之乎人之一體也六家式內之行拳猶之乎人之有靈魂也一體者譬之則力也靈魂者譬之則巧也由射於百步之外也其至爾力也其中非爾力也用力則巧行其所行之巧故謂六家式內之行拳此乃六家式內行拳一技之大義也

論六家式行拳手法着術若干併運用之妙

文學曰生自登夫子之門教我文詞授我武技幸蒙導引感佩不忘

昨聞夫子教益言論六家式内之行拳得悉其大略也拳技中手法着術若干併運用之妙未知其詳也願夫子明以教我余答文厚曰其拳分為六摥全技中手法共數一百三十有八手着術共計一十有二每摥中着術各分有二一暗一明二着是也蓋手法着術之運用則有韓盧搏兔蛟龍拒虎之妙逸以待勞敗中取勝之法倘若兩家比試分勝負角低昂者在乎妙手奇着捷足爭先方能勝人也彷彿頭摥中將 回營一手如奔北之形敵我者倘追之反用雙星赶月之法而又用登雲式一着盡力踢之則必中儼如韓盧搏兔蹇

之易是為暗着勝人攻其無備出其不意也譬如用以勇力敵人者若頭搊中迎門拒虎一手反用强龍拒虎之法而又用卞莊雙搏虎之着奮力而擊之猛不可當勇而必勝儼如蛟龍拒猛虎之勢是為明着勝人不待智取而用力敵也假如二搊中迎門拒虎一手反用將將回營之法而設之反甩身而走似乎其敗而怯也反用五花奔日一着而追之又用登雲式之法而踢之是謂逸以待勞是一暗着勝之也若六搊中迎門拒虎一手反用將回營一着而奔之乃引虎入穽誘敵之計待敵我者追至反用野雀登枝一着然後跨虎登山登雲式雙着並發量無不中是敗中取勝之法也着

術繁多運用愈廣不可盡述舉其一二略言之以明其意也蓋此拳
中之妙法千變萬化妙手奇着堪稱絕倒
民國十有九年余客塾津门新車站東小于莊三陽里對過房先生
家遇一生李文厚登門受業嘗相問答每講故事後余必須筆
錄日簿札以記之而便展覽今逢
民國二十有三年歲次甲戌仍蹈舊業館於南阜村鄧厲憶前事
有感為此編著再誌之

愛劍道人手撰併
書

六家式行拳六撟共譜十二着六暗着六明着是也

每撟分有二着一暗着一明着是也

第一撟　登雲式暗着　卞莊雙搏虎明着

第二撟　渴驥奔泉暗着　玉龍纏腰明着

第三撟　倒輦風輪暗着　追仙归洞明着

第四撟　驚秦繞柱暗着　推轂式明着

第五撟　虎撲子暗着　二虎攔路明着

第六撟　跨虎登山暗着　拒虎式明着

每揚手法名色数目若干

第一揚　二十五手　　第二揚　二十一手

第三揚　二十四手　　第四揚　二十二手

第五揚　二十四手　　第六揚　二十二手

六揚共數一百三十八手

六家式行拳手法名色註解

第一手　獨占鰲頭

此拳獨成於宋　太祖神德皇帝一人之手貴為天子天下之至尊也獨起乎衆此第一手名稱故謂之獨占鰲頭乃命名之義是闡宗明義第一章餘皆倣此

第二手　黃龍鼓浪

註二十四式六十五手

第三手　金鵰展翅

註二十四式六十八手

金鵰鳥名又名鷲鳥羽可為箭如金鵰兩翅之舒展

第四手　峴山獨立

晋羊祜字叔子輕裘緩帶乃斯文主將好山水每有風景置酒必造峴山一日間游峴山

第五手 行龍雙探爪
第六手 黃龍鼓浪
第七手 開門推月

偶見黑蟻黃蟻排兩陣即開戰有蟻王統之祜觀之不覺有感祜仁慈足不履生虫即退步獨立視之自思曰螻蟻極小微虫尚有戰陣之勇況為將者乎後祜卒襄陽百姓為建立碑碣見者莫不墮淚號為墮淚碑

如龍行海岸左右兩爪雙探之狀

註上

如月先入戶雙手開門兩推出月先之狀

第八手　虎臥鳳閣

第九手　登雲式

第十手　迎門拒虎

第十一手　韓盧搏兔

第十二手　雙星落地

第十三手　雙星趕月

註二十四式十八手

身形高起輕捷如登雲之勢故謂之登雲式

註二十四式收式第一手

范睢說秦昭王曰夫以秦卒之勇車騎之衆以治諸

侯譬若馳韓盧而搏蹇兔霸王之業可致也

走韓盧而搏蹇兔喻言敵之易摧

韓盧韓國良犬名　蹇兔跛兔也

註二十四式十六手

如有二流星趕月之狀

第十四手 追仙登雲式

第十五手 迎門拒虎

第十六手 反手搏龍

第十七手 卞莊雙搏虎

第十八手 同上

第十九手 金雞鼓翼

如乘雲追仙之狀

註前十手

如反手擒龍之狀

卞莊子欲刺虎管豎子曰兩虎食牛牛死必爭爭則大者傷小者亡從傷者刺之必斃故有搏雙虎之名

雞有五德其頭戴冠者文也足搏拒者武也見食相呼者義也近前敢鬥者勇也司晨不失旹信也野雞屬陰乃先鳴而後鼓翼家雞屬陽先鼓翼而後鳴也

第二十手 虎臥鳳閣

第二十一手 鷲秦繞柱

第二十二手 隅蕭望月

第二十三手 仙人擊戶

第二十四手 金鵰雙展 翅

第二十五手 峴山獨立

第二樁

第一手 丹鳳獨立

註二十四式十八手

註二十四式十九手

如隅蕭望月之形

如仙人擊戶之狀

註前三手

註前四手

如丹鳳獨立於丹山之形

第二手 鷙秦繞柱
第三手 迎門擊兎
第四手 兎撲式
第五手 飛龍繞柱
第六手 伏龍勝兎
第七手 登雲式
第八手 迎門拒兎
第九手 韓盧搏兎
八駿追風

註前
如敵面擊拒猛兎之勢
如餓兎撲食之狀
如飛龍纏繞玉柱之形
如伏卧之龍反勝於兎
註前第一搨第九手
註前第一搨第十手
註前第一搨第十一手
周穆王有八駿追風馬

第十手 渴驥奔泉 如渴馬奔泉而飲水之状

第十一手 迎门拒虎 註上

第十二手 玉龍纏腰 如玉龍纏繞腰间之形

第十三手 同上

第十四手 蛟龍翻探爪 如蛟龍翻爪捉物之状

第十五手 金鶏鼓翼

第十六手 虎臥鳳閣

第十七手 驚秦繞柱

第十八手　隔簾望月

第十九手　仙人擊戶

第二十手　金鵰隻展翅

第二十一手　虎立鳳閣　皆註上

第三搗

第一手　黃龍倒轉身　如黃龍倒轉身形之狀

第二手　虎臥鳳閣　註前

第三手　金龍分水　如金龍分水鼓浪之狀

第四手 金鰲攪浪
第五手 雙星落地
第六手 怪蟒翻身
第七手 迎面擊虎
第八手 登雲式
第九手 迎門拒兕
第十手 將〻回營

如金鰲在海中翻波攪浪之狀
註第一搨第十二手
註二十四式六十二手
註第二搨第二手
註第一搨第九手
註上
漢高帝問韓信將兵幾何信曰多〻益善帝
曰卿何為我擒耶信曰陛下不善將兵而善
將〻

第十一手倒輦風輪
釋典哪吒倒登風火輪車之狀

第十二手懶龍卧地
如龍伏卧於地之形

第十三手登雲式

第十四手迎門拒寇
註上

第十五手追仙入洞
忽遇仙人而追隨入洞之形

第十六手追仙入洞
同上

第十七手强龍拒寇
如强龍拒擋於寇之狀

第十八手金鷄鼓翼

第十九手 宪卧鳳閣

第二十手 驚秦繞柱

第二十一手 隔簾望月

第二十二手 仙人擊戶

第二十三手 金鵰雙展翅

第二十四手 宪卧鳳閣 皆註上

第四擕

第一手 白蛇吐心 註二十四式五十一手

第二手蟠龍式

第三手順水擒龍

第四手探環式

第五手海底擒龍

第六手迎門拒兇

如龍蟠卧之形

如水中順水擒捉蛟龍之狀

晉書 羊祜字叔子五歲嘗至園中令乳母取所玩金環乳母曰無此物祜乃訪鄰人李氏東園桑樹中穴中探出得之主人大驚曰此余兒所失物乳母具言之李氏悲惋人異之乃知李氏子羊祜前身

如在海底擒龍之狀

第七手 登雲式

第八手 迎門拒虎

第九手 将将回營

第十手 驚秦繞柱 皆註上

第十一手 迎面擊虎

第十二手 登雲式

第十三手 强龍拒虎

第十四手 推轂式

漢鄭莊為大司農在武帝前未嘗不言天下長者其推轂士及官屬常引以為賢於

已上曰朕聞鄭莊行千里不齎糧　推轂言

舉薦人如推車運轂也

第十五手同上

第十六手　金雞鼓翼

第十七手　虎卧鳳閣

第十八手　驚秦繞柱

第十九手　隔巘望月

第二十手　仙人擊戶

第二十一手　金鵰雙展翅

第二十二手　峴山獨立　皆註上

第五掦

第一手　鳳凰單展翅　如鳳凰一翅鼓展之形

第二手　同上

第三手　分龍拒虎　如分龍拒虎之形

第四手　黃龍倒轉身　註上以第三掦第一手

第五手　虎卧鳳閣

第六手 迎門擊兕

第七手 登雲式

第八手 迎門拒兕

第九手 韓盧待兔

皆註上

第十手 兕撲子

兕式三絕第式

第十一手 龍躍海門

如龍海門跳躍之狀 又龍躍海門千層浪

第十二手 迎面擊兕

第十三手 登雲式

第十四手 迎門拒虎

皆註前
如二虎阻路之勢

第十五手 二虎攔路

第十六手 同上

第十七手 强龍拒虎

第十八手 金鷄鼓翼

第十九手 虎卧鳳閣

第二十手 鷂秦繞柱

第二十一手 隔廡望月

第二十二手 仙人擊戶
第二十三手 金鵰叓展翅
第二十四手 峴嶺獨立 皆註上

第六揚
第一手 龍門躍鯉
第二手 指路為馬
第三手 投梭化龍

鯉魚三躍跳過龍門者謂之成龍
秦趙高欲專權恐人不從乃先設驗持鹿獻於二世曰馬也二世曰丞相誤也指鹿為馬問左右有言鹿者高乃陰中以法後羣臣皆畏高
晉陶侃母棄梭於雷澤忽化為龍而去

第四手　白蛇吐心

第五手　迎面擊虎

第六手　登雲式

第七手　迎門拒虎

第八手　野雀登枝　如野雀爭林登枝之狀

第九手　惡虎登山　如惡虎奔躍登山之狀

第十手　登雲式

第十一手　迎門拒虎

第十二手　強龍拒虎　皆註上

第十三手　登山三擒虎　如登山遇虎三擒之狀

第十四手　同上

第十三手　左右拒虎式　如搏手拒虎之勢

第十四手同上

第十五手　金鷄鼓翼

第十六手　虎卧鳳閣

第十七手　驚秦繞柱

第十八手 隔簾望月
第十九手 仙人擊戶
第二十手 金鵰雙展翅
第二十一手 峴山獨立 皆註上

原本此页无内容

六家式行拳每塲舞法名目

第一塲

走三步上正場抱拳出式

第一手　獨占鰲頭又名丹鳳朝陽俗名穿手提步沖天錘

左手往上穿出右手是拳往上直伸左手護肩掌左步提着

第二手　黃龍攪浪俗名挑手供步插拳

落左步供着左手挑出在前照着右手拳脅着往打插拳

第三手　金鵰雙展翅俗名鎖手丁架单鞭

左步往回归丁架左右兩手在左步胳膝盖上十字架一搭往下分〻開左手勾子手右手是掌兩手伸開

第四手　兕立鳳閣又名峴山獨立俗名點步倒收山

一起身形立正点左步右手掌往外伸归回護肩掌左手勾子手後边直伸

第五手　遊龍溲採爪又名
蛟龍尋海俗名
左右行步淮叟穿手

第六手　黃龍鼓浪俗名
挑手供步插拳

第七手　閙门推月俗名
提步鎖手强掌

第八手　凭卧鳳阁俗名
穩架倒收山

第九手　登雲式俗名
劃挑撞腿

左步微放上右步又上左步又上右步供看走行步左
手仰看從右手掌下來穿出右手然後右手勾子
手摟回疊在腋下穿出左手是掌在前直伸
上左步供看左手挑出在前照看右手疊看往
外打插拳
上右步又上左步提看左右兩手隨左步走裏步走
兩手在左步胳膝蓋兩掌十字架一搭落左步供步
左手掌往後一摟直伸右手掌打出
右手從下走摟回勾子手在後直伸左步归回丁架左
手盖脸面過來归護叟肩掌
左步上鋪步左手循步往外走往上一挑上右步又往上
挑右手落左步顛架往外端右足撞腿左手拳往外
打右手拳疊着

第十手 迎門拒虎俗名 落右步往上跟左步並步右手拳往外打左手護肩掌
上步沖拳

第十一手 韓靈搏兔又名 右手穿出左手轉回身來右手掌往外挑出直伸左
將〻回營俗名 手變勾子手直伸往後上右步供下往回裏行步着
領敗式 走〻又步為度

第十二手 雙星落地俗名 往回轉身落騎馬式左手在前右手在後俱是拳
變齊行

第十三手 雙星趕月俗名 上右步騎馬式右手在前左手在後俱是掌
趕齊行

第十四手 追仙登雲式俗名 左步往前一趕右步一撒蹤一步仍是騎馬式不換左步往
撒蹤步劃桃撞腿 前一跳右手往上一挑叉臂在腰間右足左手拳一齊往外
一踹一打

第十五手 迎門拒虎俗名 與前十手同
上步沖拳

第十六手 反手搏龍又名强龍拒虎，俗名眠式卸打

第十七手 卞莊雙搏虎 俗名左披蓋 連環拳

第十八手 卞莊雙搏虎 俗名右披蓋 連環拳

往後卸左步供步左手拳往後打左右兩手拳前後直伸

右步提起兩手拳不換式轉身上左步供下落下右步往上落纔能上左步先披出右手然後再蓋過左手皆是拳不動步往外打右手拳撤回疊着左拳又撤回右拳疊着又打左拳右拳又往後打出轉右步供着左右兩拳直伸

提左步落左步往上落轉身上右步供下先披左手後蓋右手皆是拳左手拳打出右手拳疊着右手拳打出左手拳疊着左手拳往後打出不動步轉成左步供步兩手拳直伸

第十九手　金雞叟鼓翼　俗名左右搖山插拳

提右步右手隨步走往上挑落右步落繞步往上落又提起左步左手隨步走往上挑落左步落繞步往上落供步左手在前照看右手拳叠看往外打插拳

第二十手　虎卧鳳閣　俗名進步倒收山

上右步丁架左手勾子手轉在後直伸右手掌盖臉面過來歸護肩掌

第二十一手　鷺泰繞桩　俗名刁手雲沒掌

上右步騎馬式右手紘開叩着又上左步騎馬式左手紘開仰着又上右步騎馬式倒上步倒轉身轉過來右手刁勾子手叠在腋下左手在前直伸仰看

第二十二手　隔簾望月　俗名抱平式

徹左步並上步左手回來盖臉面下去手心向下右手從下轉上手心向下然後左手一變手曰手心向上兩手一上二下一仰一合相抱之意

第二十三手　仙人擊戶　俗名盖面掌

徹右步供左步右手往下一盖左手護肩掌

第二十四手 金鵬雙展翅 又名展翅鳴鳶 俗名丁架單鞭

右手穿出左手是掌然撤步丁架兩手往下一分兩手伸開左手勾子手右手掌

第二十五手 宪立鳳閣俗名點步倒收山又名峴山獨立

與前四手同

第二搗

第一手 丹鳳獨立俗名提步單鞭

從倒收山走右手往外挑從下轉上轉在後边左手從下往上挑在前直伸左步提看兩手前後伸開前掌後勾子手

第二手 鷺鷥繞柱俗名刁手雲沒掌

落上左步騎馬式左手紜開叩着又上右步騎馬式右手紜開仰着正轉身走拔左步蟠架右手在後边穿出左手是掌

第三手　一迎門擊虎俗名
供步摟手强掌

第四手　兕撲式俗名
十字雙蹋手

第五手　飛龍繞柱俗名
雙跳架併手擱腰

第六手　伏龍勝兕俗名
鋪地眠待式

第七手　登雲式俗名
劃挑撞腿

右步提起右手伸着往下一盖往上落右步供下右手往
回一摟左手掌貼右胳膊走强出直伸右手勾子手
叠腕下
上左步供下左手往回裹一摟左右兩手一齊往下一蹋兩
掌手心俱向下十字架一搭放在左步胳膝盖上
兩手往上一分上右步落跳架大轉身正轉又上左步落
跳架騎馬式左手一刁轉在面前照着右手拳横着
紜過來打擱腰
不動步轉成右鋪步右手拳順步放着左手拳後边
照着
起左步又落下落跳架往前赶上步右手往上一挑叠在
腰间左手拳打出右步踹出

第八手 迎門拒兕俗名
落步冲拳
與頭攜十手同

第九手 韓盧搏兔又名
悍悍回營又名
八駿追風俗名
領敗式
與頭攜十一手同

第十手 渴驥奔泉又名
五花奔日又名
追仙登雲式又名
野馬奔槽俗名
左右劃挑撞腿

往回裏走左手一劃劃閘左步在前右步在後一趕撒
攛步右手往外一挑挑閘右步在前左步在後一趕撒
攛步然後左步往前一上跳架右手挑了疊着右
步踹撞腿左手與右足一齊打出去

第十一手 迎門拒兕俗名
落步冲拳

註上

第十二手　玉龍纏腰俗名左攔腰

左步往後一卸眠供步兩手一變左手掌右手勾子手前後直伸然後提起右步又一落下繞步落又上左步騎馬式右手一刁轉上在面前照着右手橫紜過來打攔腰

第十三手　玉龍纏腰俗名右攔腰

不動步轉成右步眠供步兩手一變右手掌左手勾子手前後直伸然後提左步又落下一落繞步又上右步騎馬式左手一刁轉上在面前照着右手橫紜過來打攔腰

第十四手　蜈龍翻探爪俗名拍肘疊手卸打

不動步轉成右步前供步進肘左手一拍肘右手仰着往外翻腕一擊掌面掌又名疊手　拳仰着打亦可然後不動步又轉成左步眠供步左手拳向後打出兩拳前後直伸立旹一去又安手左手掌右手勾子手前後直伸

第十五手 金雞鼓翼俗名 左右搖山插拳

第十六手 虎卧鳳閣俗名 丁架倒收山

第十七手 蘇秦繞柱俗名 刁手雲没掌

第十八手 隔簾望月俗名 抱手式

第十九手 仙人擊戶俗名 蓋面掌

第二十手 金鵰雙展翅俗名 穿手丁架單鞭

第二十一手 虎立鳳閣又名 峴山獨立俗名 點步倒收山

皆註上

第三揚

第一手 黄龍倒轉身俗名
倒顛架穿手强掌

第二手 虎卧鳳閣俗名
顛架倒收山

第三手 金龍分水俗名
掩手收山

第四手 金鰲攪浪俗名
攪手收山

從倒收山走左步徵還上右步左步一起右步往前一撒邋
右手掌往前一强打出上左步跳架在右手穿出左手
轉過身来往前上落右步供左步面向後了右手掌
順左步走挑出直伸左手勾子手直伸
往後上右步顛架左步归丁架右手勾子手在後直伸
左手掌盖臉面過来归護肩掌
徵偏原门走放上左步左手随步走往外一展上右步投
步右手盖脸面走往外一展又上左步左手随步走往
外一展又上右步丁架右手裏衣步走归心收山左手掌護肩
徵向越门走上右步又上左步丁架先攪左手後攪右手归
正收山右手護肩掌

第五手　雙星落地俗名
提步擘齊行

第六手　怪蟒翻身俗名
翻身披蓋

第七手　迎面擊虎俗名
供步展掌强打
又名迎門三不顧

第八手　登雲式俗名
劃挑撞腿

第九手　迎门拒虎俗名
落步冲拳

第十手　將將回營俗名
領敗式

提左步起来又落下又上右步騎馬式兩手拳右手在前
左手在後平放

從後翻身提左步又落下從後落供步右手一披拳
叠在腰間左手拳一蓋直伸

從前轉身不動步轉成左步供步左手一展归護肩
掌右手拳打出直伸

一上右步一落左步之顛架右手從上一挑右足與左手拳一齊
踹出

二手註上

第十一手　迎门三拒宪又名
倒輦風輪俗名
連環三强掌
第十二手　懶龍卧地俗名
轉身鋪步
第十三手　登雲式俗名
劃挑撞腿
第十四手　迎门拒宪俗名
落步冲拳
第十五手　追仙入洞又名
左右纏法俗名
右裏走外採

先习右手勾子手叠腋下伸開亦可打出左掌撒還右步打右掌往後撒還左步打左掌撒還右步手法不变打完三掌归鋪地錦即是鋪步右步在前鋪下面向前左手拳後边照着右手拳放在右步上往上起身上左步顛架右手往上一挑右足与左拳一齐踹出

註上

右步向原门走繞步左步向越门走斜着上步落騎馬式右手一摟勾子手叠在腋下伸開亦可左手掌打出直伸

第十六手 追仙人洞又名 左步向越門走繞步右步向原門走斜着上步落騎馬
左右縷法俗名 式左手一摟勾子手疊在腋下伸開亦可右手拿打當直
右裏走外採 伸

第十七手 強龍拒兕俗名 不動步轉成左步供眠步左右兩手拳前後直伸然
眠式卸打 後再變手走

第十八手 金雞鼓翼俗名
左右搖山插拳

第十九手 兕卧鳳閣俗名
丁架倒收山

第二十手 騖秦繞柱俗名
刁手雲没拿

第二十一手 隔簾望月俗名
抱牢、式

第二十二手　仙人擊戶俗名蓋面掌

第二十三手　金鵰進展翅俗名穿手丁架單鞭

第二十四手　兕立鳳閣又名峴山獨立俗名點步倒收山　皆註上

第四搗

第一手　白蛇吐芯又名龍走天門

上右步又上左步又上右步又上左步丁架從原門走至越門走衣步右手挑開走归腋下叠着勾子手左手掌仰着在左胳膝蓋上放着然後放上左步騎馬式左手掌扣出直伸

第二手 蟠龍式俗名
穿手蟠架
第三手 順水擒龍俗名
擒拿
第四手 釣魚式又名
採環氏俗名
探馬式
海底擒龍又名
第五手 縷法俗名
摟手强拿
第六手 迎門拒虎俗名
進步沖拳
第七手 登雲式俗名
卸眼式劗挑撞腿

不動步轉成右步供步左手往回裏一蓋右步投蟠架
穿出右手左手拿護肩
上左步半鋪步左手拿隨步走直伸右手拿後边肥
着
左手往下边往上挑轉入後边勾子手直伸上右步点、
着右手隨右步走伸開手心向上一變勾子手往下垂
着直伸微高
右手往後一摟勾子手在腋下伸直点可上左步騎馬
式左手拿打出直伸
上右步跟上左步並着右手拳打出左手归護
肩拿

第八手　迎門拒兕俗名進步冲拳

第九手　悄悄回營俗名領敗式

第十手　驚秦繞柱又名代子上殿俗名刁手雲沒掌

第十一手　迎面擊兕又名迎門三不顧俗名展掌强打

第十二手　登雲式俗名劃挑撞腿

註上

提起右步來兩手伸開右手掌左手勾子手此謂提步單鞭從此式往下走先上右步悄右步一落右手総開手隨步走上騎馬式又上左步騎馬式悄左手総開手隨步走又上右步投步蟠架左右手一穿々出右手後边壓着左手掌護肩上左步供步左手一展归護肩掌右手拳打出直伸

與三揚八手同

第十三手 強龍拒虎俗名 眠式卸打

第十四手 推轂式俗名 靠山左边

第十五手 推轂式俗名 靠山右边

與頭搗十六手同

提起右步来又落步走繞步右手刁手裏步走又

提起左步来右手裏左步橫紜過来擊在

左步胳膝盖上上左步供步右手推左手胳膊腕往

外推不動步轉成右步供步归眠式卸打右手拳往

後打出兩拳直伸

提起左步来又落步走繞步向越门走左手刁手裏

步走又提起右步来右手裏右步橫紜過来擊在

右步胳膝盖上又上落步落右步供步左手推右手胳

膊腕往外推不動步轉成左步供步归眠式卸打左

手拳往後打出兩拳直伸

第十六手　金雞鼓翼俗名

左右搖山插拳

第十七手　虎卧鳳閣俗名

丁架倒收山

第十八手　驚秦繞柱俗名

刁手雲沒掌

第十九手　隔巖望月俗名

拖平式

第二十手　仙人擊戶俗名

盖面掌

第二十一手　金鵰隻展翅俗名

穿手丁架單鞭

第二十二手 凴立鳳閣又名岘山獨立俗名點步倒收山 皆註上

第五搊

第一手 鳳凰單展翅俗名左右十字拳不露

上右步又上左步又上右步落右步供步左手拳穿出右手拳〻〻橫着直伸左手拳叠着在右胳膊腕下在腰間亦可此一手向越门走

第二手 鳳凰單展翅俗名左右十字拳不露

上左步又右步又上落左步供步右手拳穿出左手拳〻〻橫着直伸右手叠着在左胳膊腋下腰間亦可此一手向原门走

第三手 分龍拒凴俗名供步分掌

不動步兩手往前一分右手掌在前直伸左手勾子手摟回在後直伸

第四手 黃龍倒轉身俗名 倒顛架强掌

右手穿出左手上右步又上左步倒顛架又上落右步身面轉回左步供着右手掌打出直伸左手勾子手在後边直伸

第五手 虎臥鳳閣俗名 顛架倒收山

與前三搗二手同

第六手 迎門擊虎又名 迎門三不顧俗名 供步展掌强打

與前三搗七手同

第七手 登雲式俗名 劐挑撞腿

與前三搗八手同

第八手 迎門拒虎俗名 進步沖拳

註上

第九手 韓盧待兎又名
將將回營俗名
領敗式

第十手 兎撲子俗名
跳架碎齊行

第十一手 龍躍海門又名
二兎登山又名
倒顛架白蛇吐心

第十二手 迎面搬手兎又名
迎門三不顧俗名
供步展掌强术

與頭捣十一手同
往回走上左步又上右步又上左步落跳架隨跳架
又上二落右步落騎馬式左右兩手拳隨步一齊碎
落右手在前左手在後平放着
往回裏徹右步倒顛架往高處顛左步隨顛架
過來丁架右手往上挑開了走轉成後勾子手直伸
左手掌在面前伸開手心向裏形如丁架單鞭式
右手在腋下叠着亦可
註前

第十三手　登雲式俗名
劉挑撞腿

第十四手　迎門拒肘俗名
進步沖拳

註前
往後撤右步供步是供左步左手拳打出右手拳疊
腰間此手向越門

第十五手　二虎攔路俗名
左右卸打右边

第十六手　二虎攔路俗名
左右卸打左边

往上進右步並步又往後卸左步右步供着右手拳
打出左手疊腰間此手向原門

第十七手　强龍拒肘俗名
卸腿式

不動步轉身往後曳着身形轉成左步供步左手
拳往後打出左右兩手拳前後直伸

第十八手　金雞鼓翼俗名
左右搖山插拳

第十九手

虎卧鳳閣俗名

丁架倒收山

第二十手

驚秦繞柱俗名

刁手雲没掌

第二十一手

隔簾望月俗名

抱手式

第二十二手

仙人擊戶俗名

盖面掌

第二十三手

金鵰隻展翅俗名

穿手丁架單鞭

第二十四手

虎立鳳閣又名

峴山獨立俗名

點步倒收山

第六揚

第一手　龍门躍鯉俗名
大轉身跳架雙虍山

第二手　指鹿為馬俗名
點步摟手强掌

第三手　投梭化龍又名
龍门激浪俗名
截代

第四手　白蛇吐心

上右步右手往下一抔邋左手從上往下一抔邋又上左步跳
架大轉身倒轉落下左步提起右步左手蓋臉面
捺下去右手從下翻上去兩手一变手因兩手一仰一合落
右步供步
上左步又上右步点着右手往後一摟手左手掌打
出兩手前掌後勾子手前後伸開
左手往外一摟轉上前边照着上左步供步右手
掌手心向上横砍打打腰間
右手往外一摟勾子手疊腕下右步往後一撤倒顛
架左步隨顛架過来丁下左手掌手心向裏與
面相对放在左步膝盖上掌微拳着

第五手 迎面擊虎又名
迎門三不顧俗名
供步展掌强打
第六手 登雲式俗名
劃挑撞腿
第七手 迎門拒虎俗名
進步沖拳
第八手 將將回營又名
野雀登枝俗名
領敗式
第九手 悪虎登山俗名
跳架着手外撞

註前

註前

領敗式往回裏走七步為度跕下當左步順手端
外撞腿右手掌後边照着身形踦平往外横
着端
落左步上右步顛左步落下供步右手掌一蓋左手
往下一摟護肩右步踦平身形順右手往外横着
端左手後边照着

第十手 登雲式俗名 劉挑撞腿

一落右步左步一顛落下右手往上一挑右步往外踹左手拳一齊與步往外打

第十一手 迎门拒虎俗名 進步冲拳 强龍拒虎俗名

註前

第十二手 眠式卸打

與頭揚十六手同

第十三手 登山三擒俗名 梯山三强打右边

向原门走提右步右手拳順步往 挑落右步右手拳疊腰间提起左步左手順步往上挑落左步供步左手疊腰间右手拳往前打上右步 步左手拳往前打右手拳疊腰间往後卸右步供步右手拳往後打出此眠敗式

第十四手 登山三擒虎俗名 梯山三强打右边

向越门走提左步左手拳順步往上挑落左步左手拳疊腰间提起右步右手順步往上挑落右步供步右手拳疊

第十三手 左右拒虎式俗名
左右挑手强打左边

第十四手 左右拒虎式俗名
左右挑手强打右边

第十五手 金雞鼓翼俗名
左右摇人插拳

腰间左拳拳往前打上左步丞步右手拳往前打左手拳
叠腰间往後卸左步供步左手拳往後打出归眠敗式

此十三手十四手練法不一別有一練法開列於左
提右步挑出右手是拳叠着落右步往上落〻原门又
上左步供步左手拳叠着打出直伸不動步轉成右
步供步右手拳叠着打出此謂眠敗式卸打
提左步挑出左手是拳叠着落左步往上落〻越门又
上右步供步右手拳叠着打出直伸不動步轉成左
步供步左手拳叠着打出此謂眠敗式卸打

第十六手　虎卧鳳閣俗名
進步倒收山

第十七手　鷺秦繞柱俗名
刁手雲沒掌

第十八手　隔簾望月俗名
抱平式

第十九手　仙人擊户俗名
盖面掌

第二十手　金鵰雙展翅俗名
穿手丁架單鞭

第二十一手　虎立鳳閣又名
峴山獨立俗名
點步倒收山

皆註上

河南陈家沟太极拳浅说

提要

《河南陈家沟太极拳浅说》，一册，印本，无版框。全书从封面到封底共计三十八页，内容完整，无缺损。该书无明确的成书时间，从整体形制看，应为民国时期。

该书封面书名为“河南陈家沟太极拳浅说”，封面后有刘克诚所作《序》一篇。该《序》陈述了刘克诚据河南陈家沟珍藏太极拳秘本而作《河南陈家沟太极拳浅说》的缘由。《序》之后为《河南陈家沟太极拳七十二式浅说》，由八部分组成，即小言、要言、太极拳理解、太极拳发蒙、太极拳体、学拳要诀、太极拳五言俚语、太极拳搊手法。要言部分是七十二式拳法的动作要领，文字描述言简意赅。太极拳理解部分是作者刘克诚对太极、太极图的理解和体会之言。太极拳发蒙是对太极拳缠丝劲论的详细讲解。

该书后有《附太极拳第二套炮捶目》，共收四十式拳法，只有目录，无详细讲解。最后一页上有该书的赠书地址、代办处和印刷者等信息。

河南陳家溝

太極拳淺說

序

劉克誠

余幼年在校性本愚笨。每試常居人後。殊自爲恥。隨以人一能之已十之。人十能之已百之之法。用功不息。詎料精力有限。一舉反致身體頓成萎弱。繼之成年幷入社會。兼積年累月伏案之疲勞。乃體弱尤加。幸經契友介紹太極拳名師。陳發科福生先生。敎導拳術後。神倦遺精之病若失。方克轉弱爲强。念年於茲。雖未窺得全豹。確亦稍入門徑小女幼時亦因患痞疾經鄙致以太極拳未及一年不藥而癒。按太極拳乃原太極陰陽之理作勢以運動身體。使身體之氣脈貫通。循還不息。純出乎一大自然。故於人之身心有莫大裨益焉。惟學者多苦於考證不一。難得眞諦。今不揣冒昧。將河南陳家溝珍藏太極拳秘本編成淺說。刊印成册。公贈同好。以期互相研究。倘祈

方家不吝賜教。則荷感幸甚。謹此爲序。

河南陳家溝太極拳七十二式淺説

◉小　言◉

各派各門之拳。或由形象命名。或由動作命名。太極拳係本乎太極之理而命名。

太極係混沌無形無象之想象物。中含陰陽。由陰陽二氣之始。分化萬物。於是而生八卦。故天生一物即有一陰陽。有一陰陽即含太極。品物流行。循環不息。古人爲使後人易於了解眞理。始繪成圖。而貽敎焉。

太極拳有陰陽。即剛柔虛實。對付生剋。故有千變萬化之象。綜錯易換。具體而微。渾然一氣。夫人之一身。晝動夜靜。無非一太極也。故榮衛憑晝夜之陰陽。爲周行於全體。太極拳係引自然之理。運化於身。所以通太極拳者。即明太極不窮之道。若能每日舍却一小時之功夫。而研究太極拳。則身心泰然。腠理縝密。氣血相融。何病之有。是以太極拳。爲求身體健康。自强不息之妙藥。矧又爲我國固有之精粹。奚止藝術小道而已哉。審是之故。當有保存並研究之必要。茲將太極拳七十二式外形。略解於後。以爲學者之初徑。至於內勁。轉變微芒。非筆墨所能形容於萬一。茲略於後。

◎要　言◎　「周身相隨　切勿妄動」

一　太極拳初式　面向北站立當塲。沉心靜氣。兩足相離以已肩寬狹爲度。反手下捺。手指向前。雙膝微屈。二目平視。

二　金剛搗碓　　四

雙手平伸。往右運。左足前伸。足尖朝上。足跟用力。左手前引。右手與右足前跟。右手將拳向左手外。由上而下。落於左掌上。右足尖朝下。輕輕點地。前於左足前相離六七寸許。右手右足同時抬起。同時落下。（仍落於左掌中）雙足落實。雙膝微屈。二目平視。

三　攬扎衣　雙手分開。右手由上而下轉。左手由下而上轉。不分先後齊到胸前。雙手交叉。左手在裡。右手在外。右足右伸落地。足尖向外擺。左足尖向裡鈎。左手叉腰。右手伸平。鬆肩。塌腰。沉肘。目視前手。（以下手足開合皆同）

四　六封四閉　左手到右膊彎引右手。由下而上。雙手至耳根。齊往胸前偏右按。左足隨勁往右。點於右足尖前相離六寸許。

五 丹變

(又名單鞭)雙足不動。右手五指揑齊。左手合於胸前。左足左伸。落地向外擺。右足尖內鈎。左手向左伸平。

六 金剛搗碓

目視前手。同前但面向西。

七 白鵝亮翅

雙手分轉。合於胸前。右足向右半步。雙手斜開。左足隨至右足前點地。

目前視。

八　斜　形　左足斜向左伸。同時雙手各分上下轉一圈拉平。目視前手。

九　摟　膝　雙手收回。左足抬起。

十　拗　步　左手隨左足。右手隨右足。上三步。作一斜形。

十一　斜　形　同前。

十二　摟　膝　同前。

十三　拗步　同前。

十四　掩手肱拳　左手合於右手上。左足斜伸出。右拳平打出。

十五　金剛搗碓　同前。但向右一轉。面北。

十六　撇身捶　雙手同時下開。合胸前。右足右伸。雙手各向上下分轉。左手叉腰。右拳至眉稍。目視左肘尖及左足尖。

十七　青龍出水　雙手分轉。合至胸前。右拳下打。左手扶腰。

十八　雙推手　略與前六封四閉同。面向西。

十九　肘底看捶　雙手開。右手合於左肘下。

二十　倒捻肱　（又名眞珠倒捲簾）左手隨左足。右手隨右足。退三步或五步。

二一　白鵝亮翅　同前。惟左足向左半步。雙手合。再右足向右半步雙手開。

二二　斜形　同前。

二三　閃通背　雙手右擺。足不動。又左擺。身向左轉。左足收回。復向右轉左足上前一步。右手前伸。左手後按。翻身打掩手肱拳。

二四　掩手肱拳　同前。面向東。

二五　六封四閉　同前。面向北。

二六　丹變　同前。

二七　運手　左足隨左手。右足隨右手。同時轉圈。作横拗步。

二八　高探馬

雙手合。右足斜伸。身向左轉。左足虛點。右手伸平。左手合於胸前。

二九　左揷右揷

左足右邁。雙手合。復開。起右足。右手打。雙手再合。再開。起左足。左手打。

三十　蹬一跟子

雙手合。左轉。手平開。左足左蹬出。

三一　前蹚拗步　與前拗步同。

三二　神仙一把抓　（又名擊地捶）左手五指合。向後。右拳指左足尖。

三三　踢二起　身向後轉。右手提起下轉。左手上轉。左足一墊。右足起。右手打。

三四　護心拳　略與撇身捶同。惟步斜。左拳合於胸前。右拳合於鼻尖前。離七八寸。

三五　旋風脚　雙手合。右足前上。雙手開時。身右轉。左手打左足腰。

三六 蹬一跟子 同前。惟用右足。

三七 掩手肱拳 同前。

三八 小擒打 雙手合。右足前墊一步。左足前上。雙手開。右手按於左手下。

三九 抱頭推山 手合。身回轉。雙手下分。邁右足。雙手推出。

四十 六封四閉 同前。

四一　丹　變　同前。

四二　前招後招　左足左邁。左手隨向左推。右手隨右足上。向左推。右足虛點。

四三　野馬分鬃　雙手運至右邊。右手隨右足。向前推。左手隨左足。向前推。

四四　六封四閉　同前。

四五　丹　變　同前。

四六　玉女穿梭　雙手合胸前。左手直向前推。左足隨前邁。向右轉一整圈。

四七　攬扎衣　同前。

四八　六封四閉　同前。

四九　丹變　同前。

五十　運手　同前。

五一　擺脚　雙手右轉。右足擺起。雙手打。

五二　跌叉　(又名一堂蛇)雙手合。右足落地。雙手開。左足跌下。

五三 金鷄獨立　右足抬起。右手上托過頂。右手足同時落下。右足右邁。左手左足。如右手右足起。

五四 倒捻肱　同前。

五五 白鵝亮翅　同前。

五六 斜形　同前。

五七 閃通背　同前。

五八 掩手肱拳　同前。

五九　六封四閉　同前。

六十　丹變　同前。

六一　運手　同前。

六二　高探馬　同前。

六三　十字脚　左足斜上一步。右手推至左肋下。左手打右足。

六四　指膛捶　與擊地捶同。惟拳下指膛。步斜。

六五　猿猴探菓　與六封四閉同。惟上時用拳。

六六　丹　　變　　同前。

六七　切地龍　　（又名鋪地雞）左手合於左腿面上。腿鋪地。右手合於太陽穴。離六寸許。

六八　上步七星　　上右足虛點地。右手由外。合於左手裏。至面前。

六九　下步跨肱　　雙手下翻。右足後退。身右轉雙手隨合。左足虛點地。

七〇　擺　脚　向後轉身打擺脚。如前。

七一　當　頭　砲　右足後退。雙拳由下拉回。由上推出。

七二　金剛搗碓　同前。面向南。

太極拳理解

混沌之始。一物無有。而理與氣未嘗絕也。理爲眞宰。故不絕。氣有數。數盡則混沌矣。迨混沌後。天地闢。無物不有矣。至有之之極氣數完。則又混沌矣。仍歸無此太極圖也。

二十

前人於無可圖之處而圖之。名之曰太極。是天地混沌之後。一無所有。但有陰陽中之理。與陰陽之氣。混合一處。成一個陰陽一大球。且並無陰陽之名目。但圖一個大圈。是不過想像圖之也。豈眞有圈之可圖乎。如眞有圈可圖。則是是此圈名爲太極。吾不知此圈之外。果何名乎。君子曰。此其論大倪。前人既圖此圈。謂之爲有圈。可。謂之爲無圈。亦可。謂之爲無邊之圈。亦可。不必於此處穿鑿也。但自天開於子。地闢於丑。人生於寅。而後天生聖人。細爲推衍。名之曰。某爲陰。某爲陽。而一陰一陽。有對待有流行。惟其有對待流行。互相摩盪。而後萬事萬物從此生也。要之此自陰陽。摩盪之後言之。不可名爲太極。太極者。萬物未生之始。陰陽初分之時。大莫大於陽。大莫大於陰。合陰陽兩大之氣。無以名之。古人名之爲太極。是太極者。渾陰陽於無形無邊而言之也。自有此太極。而天地從此分矣。而萬物從此生矣。而萬事之變化從此出矣。抑自有此太極。而天地間有一物。即有一太極。有一事。即有一太極。是事事物物。無非本於太極也。故帝王以此治天下。聖人以此教天下。吾人亦以此運行吾之一身也。大矣哉太極。妙矣哉太極。古人因其難以形容。於難形容之處。而形容之。因圖一個大圈。名之曰。太極。惟無物不本於太極。無事不本於太極。故運動家。因前人所言。一剛、一柔、一動、一靜、一闔、一闢。循環無間者。倣其形似運行吾身。而使太極之理。與太極之氣。即吾身之五官百骸。繪出一幅太極圖畫。然是太極也。非由外鑠我也。我固有之也。吾惟即吾身固有之太極。以運行吾身。其氣機循環無間。如同一圈然。自其形迹觀之。所運者。上下四旁。皆是一個圈。吾故曰。太極拳。不過一圈。然亦不過做其形似而已。至於太極之理。行不可著。習不可察。終身由之而莫知其道之所以爲道也。太極豈易言哉。

太極拳發蒙

太極拳纏法也。纏法形如螺絲。運於肌膚之上。平時運動。恒用此精。故與人交手。此精自然行乎肌膚之上。而不自知。非久於其道不能也。其法有進纏、退纏、左纏、右纏、上纏、下纏、裏纏、外纏、順纏、逆纏、大纏、小纏。而要莫非以中氣行乎其間。卽引卽進。皆陰陽互爲其根之理也。或以爲軟手。軟手何能接物應事。若但以迹象視之。似乎不失於硬。故以爲軟手。其週身規矩。頂精上領。兩肩下鬆。兩肘下沉。兩膊微屈。兩手合住。胸向前合。目勿旁視。前手爲的。項不倒塌。沉心靜氣。氣沉丹田。腰精下塌。膛精撐圓。跨下鬆開。兩膝內合。兩腿似屈。兩足鈎精。全身精。須前後左右相合。外面之形秀若處女。不可帶張狂氣。一片幽閑之神。盡是大雅風規。至於手中。其權衡皆本於心。物來順應。自然合進、退、緩、急、輕、重、之宜。此太極之陰陽相停。無少偏倚。而爲開合之妙用也。其爲道豈淺鮮哉。

太極拳體

太極拳之道。開合二字盡之。一陰一陽之謂拳。其妙處。全在互爲其根。

學拳要訣

運動家。往往嘻戲從事。多不珍重。或畏難苟安。不肯用功。或今日學之。明日卽問此勢何以打人。此皆欲速心勝。不能長久。用功犯此諸病。終難學成。惟先將我心妄念。掃除淨盡。胸中惟有一團天理。無絲毫擾亂。然後恭敬從事。必使清氣上升。清氣上升則上體輕靈。足應萬事。濁氣下降。濁氣下降。則體安定。莫能搖撼。以吾身之運動。任天機之往還。一闔一闢。上下相隨。一氣貫通。儼然如太極之循環無間也。然亦實吾身所具太極之理。以爲運動者也。洋洋灑灑。一片神行如畫。樂何如也。

太極拳五言俚語

拳因太極名。原理以運身。理境原無盡。學拳意貴誠。三年之窺園。志一並神凝。始則從明師。繼則訪良朋。誘掖和獎勸。循循啓靈明。一層深一層。層層意無窮。一開連一合。開合遞相承。引我以入勝。才欲罷不能。卓爾如有見。再加以涵泳。一旦心有悟。豁然皆貫通。

太極拳搗手法（俗稱打手）

掤、縷、擠、捺。是太極拳中要素。兩人交手。四肢運動。用此四法。以練纏精。

掤者、人以兩手相推。我以右肐膊向上掤之。此之謂掤。縷者、我以右肱掤住人手。我卽以右肱之掤者横而進之。人卽將身先向後一退。而以兩手縷住我之右肱。此之謂縷。何謂擠。如我以右肱前進。人旣縷住吾肱。我以肩再向前進。是之謂擠。何謂捺。如我以左手撥人之手。人卽隨勢捺住我之左肱。是之謂捺。

兩人交手。彼掤我縷。彼擠我捺。或我掤彼縷。我擠彼捺。左右掤與擠。皆用一肱一肩。左右同。縷與捺。是用兩手。左右亦同。卽此掤摟擠捺。兩人來往互用。循環不已。而其中隨勢變化。存乎其人。學者應先學拳。節節用心揣摩。迨功夫既久。上下相隨。然後搗手。不然人以硬氣欺壓。我以硬氣相抗。肐膊亦用硬氣。不惟不能過著。且生多少毛病。故功夫必須用到八九分。然後再學搗手。則滯礙之弊鮮矣。

附太極拳第二套炮捶目

一　太極初式
二　金剛搗碓
三　攬扎衣
四　六封四閉
五　丹變
六　護心捶
七　拗步斜形
八　金剛搗碓

九　回頭撇身
一〇　攢　手
一一　翻花舞袖
一二　掩手肱拳
一三　腰攔肘
一四　大紅拳
一五　小紅拳
一六　玉女穿梭

一七 倒騎麟

一八 掩手肱掌

一九 裹變

二〇 手肘勢

二一 劈架字

二二 掩手肱拳

二三 伏虎

二四 脈門肱

三三　左二肱
三四　右二肱
三五　變勢大壯
三六　回頭當門砲
三七　腰攔肘
三八　順攔肘
三九　窩底砲
四〇　井攔直入

贈送

惠郵十分

奉寄一册

贈送：

通信處

天津法租界西開義德里七十六號王宅

北京丞相胡同二號

代辦處

福成合印字館

印刷者

福成合印字館

天津特一區海大道一六一號

借用電話三二六九二號